JN029204

小麦粉・砂糖なし。思い立ったらすぐできる！

体にいいおやつ

Sweets that are good for the body

ねぎちゃん

おやつの時間は、記憶に残る、とっても幸せで特別な時間。
友だち、家族と楽しんだり、ひとりでホッと一息つけたりする時間。

子どものころ、女手一つで育ててくれた母親が
忙しいながらも作ってくれたおやつを、
兄弟みんなで食べた夕食後の光景が、
今でもずっと記憶に残っています。
簡単なおやつでしたが、きっと私たちの喜ぶ顔を想像して
準備してくれたのだと思います。
自分も、周りのみんなも、
満たすことができるのが"おやつの時間"です。

ただ、大人になると、
食べたあと『食べちゃった』の
罪悪感を感じることもしばしば……。
毎日食べたって体が喜んじゃうような
おやつがあったらなぁ……と思い、
私は小麦粉とお砂糖を使わずに、材料も栄養が豊富なものを使って、
おやつ作りをはじめました。

そして、たどり着いたのが「体にいい、やさしいもので作るおやつ」。
"グルテンフリー"や"体にやさしいおやつ"と聞くと、
『材料が多い』『むずかしい』『手間がかかる』イメージを持たれがちですが、
【食べるまで15分】【材料3つ】【焼くまで5分】【混ぜて焼くだけ】など、
買いに行くより簡単で、早くできちゃう、
できるだけシンプルな工程のレシピで作ることにこだわりました。

この本にも簡単さとおいしさを追求したレシピを
厳選して載せています。

ご飯を炊き忘れた日の朝ごはんや、
ちょっと何か食べたいとき、
気合がなくてもさっと作れる手軽なものばかりです。

体にもこころにもやさしくて、しかも簡単。
そんなおやつをもっと届けたくて始めた発信活動では、
たくさんの方々に喜んでもらえるようになりました。

『米粉でこんなに簡単でおいしくできたのは初めてです』
『母にプレゼントして喜ばれました』
『偏食の子どもたちがこれならぱくぱく食べてくれました』

など毎日のように温かい感想や写真が届きます。
この場をお借りして、本当にありがとうございます。

いつか記憶に残る、大事な思い出になる瞬間のひとつに、
この、体も、こころにも、やさしいおやつを
役立ててもらえたら、うれしいです。

ねぎちゃん

"体にいい" おやつって?

この本でご紹介するのは、「小麦粉・砂糖なし」で、さらにヘルシーなものや、
糖質が少ない材料で作るレシピ。ただ「体にいい」だけではなく、
おいしさと簡単さも兼ね備えた、自分のためにも、お子さまのためにもぴったりなおやつレシピです。

体にやさしい

グルテン・糖質は
極力おさえています!

小麦粉・砂糖は不使用です。代わりに米粉、メープルシロップ、はちみつなどを使用します。甘酒、豆腐、ヨーグルト、おからなども登場します。

自然な甘さだから、
お子さまのおやつにも!

砂糖を使わないため、お子さまのおやつにもぴったりな、やさしい味わいです。だからこそ、後を引く、思わず手が伸びてしまうおいしさ。これなら気兼ねなく食べられます。

おいしい

ボウル1つで
ほぼできる!

本書のレシピは、ほとんどが1ボウルレシピ。ボウルにどんどん材料を入れて、ぐるぐる混ぜるだけの簡単なものばかりです。忙しい仕事の合間、子育ての合間にもできる手軽さです。

簡単!

contents

Part1

完成までほぼ15分!
人気のおやつ

Part2

ぐるぐる混ぜてあとは焼くだけ!
簡単焼き菓子とお食事パン

Part3

カリッ、ほろほろ、サクッ！
いろいろ食感が楽しいクッキー

Part4

舌ざわりなめらか、のどごしつるん！
ゼラチンなしで作る！ふるふるおやつ

Omake

おやつがもっと楽しい クリーム＆ソース
いろいろクリーム

この本のレシピのルール

・本書では、各レシピに食物アレルギー物質に該当する食品（特定原材料8品目のうち使用しているもの）や注意したい食品が入っているか一目でわかるマークをつけています。参考にしてください（右）。

・はちみつを使用しているレシピのおやつは1歳児未満の赤ちゃんには食べさせないでください。乳児ボツリヌス症になるおそれがあります。

・［米粉について］本書のレシピでは、「ミズホチカラ」を使用しています。お使いの米粉の吸水率によってレシピ通りの水分量でも生地の状態が変わってきます（P104参照）。お手持ちの米粉の吸水率がわからない場合は、同量の米粉と水を混ぜて確認してください。吸水率が低い方が、でき上がりが写真に近づきます。

・電子レンジは出力600Wのもの、オーブンは電気オーブンを使用しています。機種により加熱具合に差が出ることがあります。様子を見ながら加減してください。

卵

乳製品

落花生
くるみ

はちみつ

この本のレシピは

基本、ボウル1つでOK!

できるだけ手軽においしいおやつを作りたい！
そんな思いから、
本書では材料をボウルに次々入れてぐるぐる混ぜて、
あとはオーブンや冷蔵庫におまかせのレシピばかり。
基本的にボウル1つさえあれば、
大抵のおやつはできちゃいます。

基本の流れ

1 はかる → 混ぜる

卵にはちみつ、牛乳などを加えて混ぜます。計量はスケールの上ではかりながらでOK！1材料入れる度にスケールは0に戻して。

- -

2 はかる → 混ぜる

そのまま米粉などの粉類を加えてさらにぐるぐる。米粉なのでふるわなくてもダマになりません。

- -

3 加熱／冷やす

あとは型に入れたり形を整えたりして加熱、または冷蔵庫へ。洗いものも少ないから、気軽にチャレンジできます！

材料の分量はすべて 「g」で表示しています。

この本の材料表は、分量をすべて「g」で表しています。スケールにボウルをのせたまま、材料を加えながらそのつど量るには、そのほうが便利。計量カップや大さじ、小さじはほぼ使わなくていいんです。

小麦粉・砂糖、ついでに生クリームやチョコレートもなしで作るおやつ
基本の材料

小麦粉や砂糖、そして生クリーム、チョコレートなしでも、おいしくお菓子は作れます！代わりに使う、主な材料を紹介します。

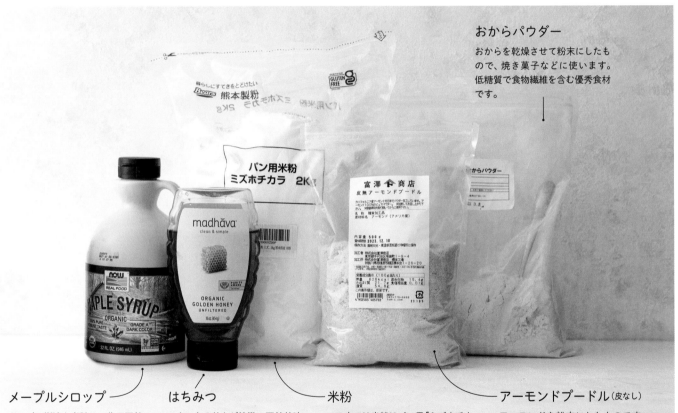

おからパウダー
おからを乾燥させて粉末にしたもので、焼き菓子などに使います。低糖質で食物繊維を含む優秀食材です。

メープルシロップ
カエデの樹液を煮詰めて作る天然甘味料。やさしい甘みと香りを持ち、パンケーキにかけたり、生地に混ぜ込んだりします。

はちみつ
コクのある甘さが特徴の天然甘味料。ボツリヌス菌を含むことがありますので、1歳未満の子どもには与えないでください。

米粉
この本では米粉はパン用「ミズホチカラ」を使っています。パンもマフィンもクッキーもこれ1つでOK！ 米粉については種類によって水分量が異なり、でき上がりに差が出ることがあります。P88、104も参照してください。

アーモンドプードル（皮なし）
アーモンドを粉末にしたものです。焼き菓子に加えることで、風味やコクがアップします。低糖質でビタミンEやミネラルも含む優秀食材です。

置き換えができる材料

基本の材料以外にも置き換え可能な材料があります。
ご自身の体調や、アレルギーなど体質によって適宜選んで使ってください。

牛乳を…

豆乳に

牛乳は豆乳に置き換えることができます。分量は同量でOK。無調整豆乳がおすすめです。

バターを…

植物油に

バターは菜種油やココナッツオイルに置き換えることができます。分量は同量でOK。風味や食感が変化します。

メープルシロップを…

はちみつに

メープルシロップははちみつに置き換えることができます。分量は同量でOK。甘さや風味がやや変化します。

＊ヨーグルトを豆乳ヨーグルトに、ギリシャヨーグルトを水きりヨーグルトに置き換えることも可能です。

これだけでOK!
基本の道具

この本のお菓子作りに必要な道具は、たった4つ!
持っていると作業が格段にラクになる、便利な道具も紹介します。

これさえあれば

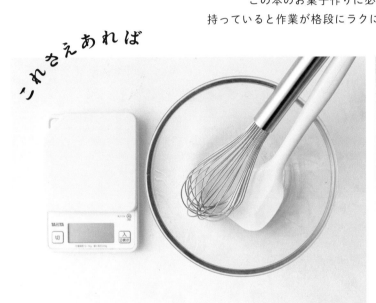

あったら便利

スケール

計量はスケールにボウルをのせ、材料を1つずつはかりながら、そのつど0にもどして加えていけばラク。0.5g単位ではかれるデジタルスケールがあると便利です。

ボウル

材料を混ぜるのに使います。直径20cmほどのものがおすすめ。電子レンジを使う場合は必ず耐熱のガラスボウルを使ってください。

泡立て器

主に粉類同士や液体の材料を混ぜる、生クリームを泡立てるときなどに使います。コンパクトで手になじむものを。

ゴムべら

生地をさっくり混ぜたいときや、かたい生地をすり混ぜるときなどに使います。熱いものに使用するときは、耐熱性のものを使ってください。

ハンドブレンダー

固形の材料をなめらかにしたいときに使います。なければミキサーにかけるか、裏ごしをしてください。

ハンドミキサー

生クリームや卵の泡立てが、泡立て器より格段にラクになります。シフォンケーキの生地作りなどが、より短時間でできます。

本書で使っている
主な型やカップ

特別な型がなくても作れるおやつもたくさん紹介していますが、
型やカップが必要なものについては、以下のものを中心に使っています。

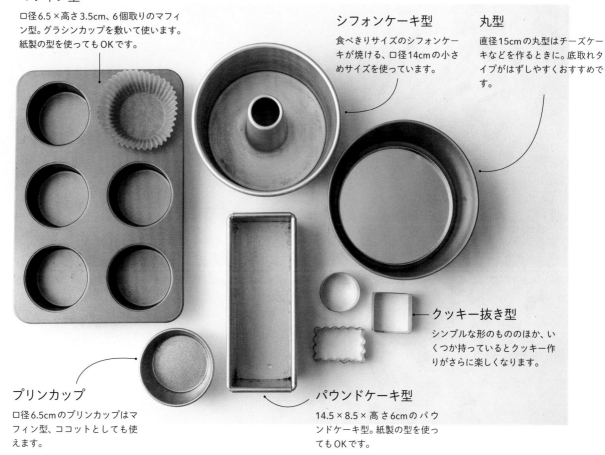

マフィン型
口径6.5×高さ3.5cm、6個取りのマフィン型。グラシンカップを敷いて使います。紙製の型を使ってもOKです。

シフォンケーキ型
食べきりサイズのシフォンケーキが焼ける、口径14cmの小さめサイズを使っています。

丸型
直径15cmの丸型はチーズケーキなどを作るときに。底取れタイプがはずしやすくおすすめです。

クッキー抜き型
シンプルな形のもののほか、いくつか持っているとクッキー作りがさらに楽しくなります。

プリンカップ
口径6.5cmのプリンカップはマフィン型、ココットとしても使えます。

パウンドケーキ型
14.5×8.5×高さ6cmのパウンドケーキ型。紙製の型を使ってもOKです。

米粉＋ヘルシー素材で体が喜ぶ

おやつを罪悪感なく楽しめて、さらに栄養もとれたら……そんな思いでお菓子作りを続けています。
この本で登場する、お菓子作りに使えるヘルシー素材を紹介します。

粉寒天
海藻から作られる寒天は食物繊維の宝庫。ゼラチンの代わりに使って、腸活に。ぷるんとした食感が特徴。しっかり沸騰させて煮溶かすのがポイント。

甘酒
米麹を発酵させて作る麹甘酒。必須アミノ酸をバランスよく含むほか、エネルギー代謝に関わるビタミンB群などが豊富。甘みをプラスする砂糖の代わりに。

プレーンヨーグルト
たんぱく質やカルシウムなど、牛乳の栄養はそのまま、乳酸菌の働きでおなかの調子を整える。風味づけや水分の代わりに使う。

豆腐
きな粉同様、たんぱく質やカルシウムなど、大豆の栄養を消化しやすい形で含む豆腐。水分代わりに使って栄養価をアップ。

おからパウダー
おからを乾燥させて粉末にしたもの。米粉と合わせて生地に混ぜ込んだりする。食物繊維が豊富で、腸内環境を改善。

きな粉
お菓子に香ばしさややさしいコクをプラス。植物性たんぱく質、大豆オリゴ糖、カルシウム、鉄などの大豆の栄養を効率的にとれる。

ごま
各種ビタミン、ミネラルを多く含むうえ、強い抗酸化作用を持つゴマリグナンが豊富。香ばしさをプラスしたり、見た目や食感のアクセントに。

オートミール
オーツ麦を外皮ごと蒸してのばし、調理しやすく加工したもの。食物繊維やビタミンB1、ビタミンEなど栄養を豊富に含む。ざくざくとした食感のアクセントに。

完成までほぼ15分！
人気のおやつ

これまでSNSで紹介してきたおやつの中で、
特に多くの方に作っていただき、
「うまくできた！」「おいしかった！」と
たくさんの声が寄せられたものを厳選して紹介します。
材料も作り方も超シンプル、思い立ったらすぐ作れる、
お気に入りのレシピばかりです。
ぜひ作ってみてください。

まろやかな卵の風味とやさしい甘みが広がるプレーンな蒸しパン。

幸せのふわっふわ卵蒸しパン

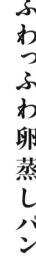

卵

乳製品

落花生くるみ

はちみつ

材料　容量100mlのココット4〜5個分

A　卵……1個
　　牛乳……100g
　　メープルシロップ……30g
　　植物油……10g
米粉……120g
ベーキングパウダー……5g

下準備

フライパンにペーパータオルを敷いて深さ1.5〜2cmの水を注ぎ、湯を沸かしておく。

3
ベーキングパウダーを加えたら、混ぜすぎないのがコツ。混ぜすぎるとふくらみが悪くなります。

4
蒸すのはフライパンで手軽に。生地ができたらすぐに蒸し始めます。型が安定するように、ペーパータオルを敷いておきます。

作り方

1 ボウルにAを入れて泡立て器でしっかり乳化するまで混ぜる。

2 米粉を加え、生地がなめらかになるまで混ぜる。

3 ベーキングパウダーを加えて15回ほど混ぜたら、グラシンカップを敷いたココットに等分に流し入れる。

4 フライパンの湯がふつふつして蒸気が上がっていることを確認し、3を並べ入れる。ふたをして中火で12分ほど蒸す。

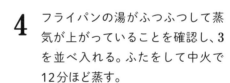

＊電子レンジでも作れます。その場合は、耐熱ガラス容器にオーブンシートをくしゃっと敷き生地を流し込み、蓋はせずに電子レンジ（600W）で3分〜3分30秒加熱してください。

保存方法と保存期間

常温1日　｜　冷蔵2日　｜　冷凍◎　｜
温め1個あたり電子レンジで30秒

自然な甘さの野菜蒸しパン

野菜の風味をプラス。おいしくてヘルシーなおやつに。こちらもレンジ加熱でもOKです。

かぼちゃ蒸しパン

材料　容量100mlのココット3〜4個分

A │ かぼちゃ（種、わた、皮を除く）……80g
　 │ 卵……1個
　 │ 牛乳……50g
　 │ メープルシロップ……30g
　 │ 植物油……10g
米粉……80g
ベーキングパウダー……5g

作り方

かぼちゃはラップで包んで電子レンジ（600W）で4分ほど加熱し、フォークでペースト状につぶす。そこに「卵蒸しパン」（P14）と同様に材料を順に入れて作る。

保存方法と保存期間

常温1日 │ 冷蔵2日 │ 冷凍◎ │ 温め1個あたり電子レンジで30秒

さつまいも蒸しパン

材料　容量100mlのココット3〜4個分

A │ さつまいも（皮をむく）……80g
　 │ 卵……1個
　 │ 牛乳……50g
　 │ メープルシロップ……30g
　 │ 植物油……10g
米粉……80g
ベーキングパウダー……5g

作り方

さつまいもはラップで包んで電子レンジ（600W）で4分加熱し、フォークでペースト状につぶす。そこに「卵蒸しパン」（P14）と同様に材料を順に入れて作る。

保存方法と保存期間

常温1日 │ 冷蔵2日 │ 冷凍◎ │ 温め1個あたり電子レンジで30秒

にんじん蒸しパン

材料　容量100mlのココット3〜4個分

A │ にんじん（すりおろす）……50g
　 │ 卵……1個
　 │ 牛乳……50g
　 │ メープルシロップ……30g
　 │ 植物油……10g
米粉……100g
ベーキングパウダー……5g

作り方

左記の分量で、「卵蒸しパン」（P14）と同様に作る。

保存方法と保存期間

常温1日 │ 冷蔵2日 │ 冷凍◎ │
温め1個あたり電子レンジで30秒

\ 卵やオイルなしでもできる！ /

バナナ蒸しパン

卵やオイル不使用なのに、冷めてもふかふか！
バナナの自然な甘みがやさしい。

材料 容量100mlのココット3〜4個分

A｜バナナ（完熟のもの）
　　……1と1/2本（正味120g）
　｜牛乳……80g
　｜メープルシロップ……15g
米粉……100g
ベーキングパウダー……5g

下準備

フライパンにペーパータオルを敷いて深さ1.5〜2cmの水を注ぎ、湯を沸かしておく。

1

バナナと牛乳、メープルシロップをしっかり乳化するまで混ぜます。

3

ベーキングパウダーを加えたら、混ぜすぎないのがコツ。混ぜすぎるとふくらみが悪くなります。

作り方

1 ボウルにバナナを入れ、フォークで液体状になるまでつぶす。牛乳、メープルシロップを加え、泡立て器でしっかり乳化するまで混ぜる。

2 米粉を加え、生地がなめらかになるまで混ぜる。

3 ベーキングパウダーを加えて15回ほど混ぜる。グラシンカップを敷いたココットに等分に流し入れる。

4 フライパンの湯がふつふつして蒸気が上がっていることを確認し、**3**を並べ入れ、ふたをして中火で12分ほど蒸す。

＊電子レンジでも作れます。その場合は、耐熱ガラス容器にオーブンシートをくしゃっと敷き生地を流し込み、蓋はせずに電子レンジ（600W）で3分〜3分30秒加熱してください。

保存方法と保存期間

常温2日 ｜ 冷蔵2日 ｜ 冷凍◎ ｜ 温め 1個あたり電子レンジで30秒

卵

乳製品

落花生
くるみ

はちみつ

材料はたったの3つ！やさしい甘酒プリン

甘酒の自然な甘みが広がる蒸しプリン。余熱も利用して、ふるふるの舌ざわりに。

材料　容量100mlのココット2個分

卵……1個
甘酒（2倍濃縮）……70g
牛乳……50g

2

蒸し上がりは、表面がふるふると
ゆれるかたまりかけの状態がベス
ト。あまりにゆるい場合は、弱火で
1〜2分追加加熱してください。

作り方

1 すべての材料をボウルに入れ、泡立て器でしっかりと混ぜる。ココットに茶こしやざるなどでこしながら等分に流し入れる。

2 フライパンにペーパータオルを敷いて深さ1.5〜2cmの水を注いで沸かし、1を並べ入れ、ふたをして中火で1分、弱火にして3分蒸す。火を止めて15分おいてから取り出して粗熱を取り、冷蔵庫で冷やす。好みでメープルシロップ（分量外）やみりんカラメルソース（P111）をかける。

保存方法と保存期間

冷蔵 2日

\ぜんぶ/

卵

乳製品

落花生
くるみ

はちみつ

もちもち豆腐米粉パンケーキ

豆腐が入っているなんて気づかない！ もっちり食感で、リッチな気分になれる、お店風のパンケーキです。

材料　直径約10cm×6枚分

絹豆腐……100g
A ｜ 卵……1個
　 ｜ 牛乳……50g
　 ｜ メープルシロップ……20g
米粉……100g
ベーキングパウダー……5g
バター……20g

1
豆腐はなめらかな絹豆腐を使います。泡立て器でとろとろになるまで混ぜて。

3
粉っぽさがなくなったら混ぜ終わり。

作り方

1 ボウルに絹豆腐を入れ、泡立て器でなめらかにする。

2 Aを加え、全体がなじむまで混ぜる。

3 米粉を加え、粉っぽさがなくなるまで混ぜる。さらにベーキングパウダーを加えて15回ほど混ぜる。

4 フライパンを弱火で熱しバターを入れて溶かし、3の1/6量を流し入れる。ふたをして両面を4〜5分ずつ焼く。残りの生地も同様に焼く。好みでバターやメープルシロップ（分量外）を添える。

保存方法と保存期間

常温1日 ｜ 冷蔵2日 ｜
冷凍◎ ｜ 温め1枚あたり電子レンジで20〜30秒

卵

乳製品

落花生・くるみ

はちみつ

食べたいときにすぐできる！洗いものも少ないからラクチン〜。ふわっふわで、子どもたちにも大人気です。

思い立ったらすぐできるマグカップケーキ

卵

はちみつ

乳製品

落花生・くるみ

材料　容量300mlのマグカップ1個分

A｜米粉……30g
　｜片栗粉……5g
　｜ベーキングパウダー……3g
植物油……5g
メープルシロップ……15g
卵……1個

2

マグカップに直接材料を入れていけばOK。粉っぽさがなくなったら混ぜ終わり。

作り方

1 耐熱のマグカップにAを入れてフォークで混ぜる。

2 残りの材料を加え、粉っぽさがなくなるまで混ぜる。

3 電子レンジ（600W）で1分40秒加熱する。

＊マグカップは、まっすぐ上に立ち上がった形のものがきれいにふくらむのでおすすめです。

保存方法と保存期間

常温1日

混ぜるだけだから超簡単！

アレンジも、材料をちょこっとプラスして混ぜるだけ。1個分のレシピだから、いろいろ試せるのもうれしい！

ココアマグカップケーキ

材料　容量300mlのマグカップ1個分

A｜米粉……30g
　｜ベーキングパウダー……3g
　｜ココアパウダー……5g

植物油……5g

メープルシロップ……18g

卵……1個

作り方

上記の分量で「マグカップ
ケーキ」(P22)と同様に作る。

保存方法と保存期間

常温1日

紅茶マグカップケーキ

材料　容量300mlのマグカップ1個分

A｜米粉……30g
　｜片栗粉……5g
　｜ベーキングパウダー……3g
　｜紅茶葉……2g（ティーバッグ1袋分）

植物油……5g

メープルシロップ……15g

卵……1個

作り方

上記の分量で「マグカップケーキ」
(P22)と同様に作る。

保存方法と保存期間

常温1日

抹茶マグカップケーキ

材料　容量300mlのマグカップ1個分

A｜米粉……33g
　｜ベーキングパウダー……3g
　｜抹茶……2g

植物油……5g

メープルシロップ……18g

卵……1個

作り方

左記の分量で「マグカップ
ケーキ」(P22)と同様に作る。

保存方法と保存期間

常温1日

卵

乳製品

落花生・くるみ

はちみつ

Part2

ぐるぐる混ぜてあとは焼くだけ！
簡単焼き菓子とお食事パン

米粉をベースにヘルシーな素材をプラスした、
おいしくて楽しい、焼き菓子とパンのレシピを集めました。
焼くまで5分のスコーンや、
材料3つのカップシフォンなど、
お菓子作りがはじめての方にも
気軽に作れるように工夫しています。

型も成形も不要。さくふわ食感のシンプルなスコーンです。シロップやホイップクリームを添えてどうぞ。

シンプル米粉スコーン

材料　4個分

米粉……100g
ベーキングパウダー……6g
植物油……20g
メープルシロップ……30g
牛乳……60g

下準備

オーブンを200℃に予熱する。

1

スプーンでまとめられるくらいの
かたさがベスト。

2

上にはふくらまないので、できるだ
け高さを持たせるように落としま
す。

作り方

1 ボウルにすべての材料を入れて、スプーンでよく混ぜる。

2 オーブンシートを敷いた天板に、1 をスプーンで4等分して落とす。

3 200℃に予熱したオーブンで約17 分焼く。

保存方法と保存期間

常温1日 ｜ 冷蔵2日 ｜ 冷凍◎ ｜
温め1個あたりトースターで30秒

卵

乳製品

落花生・
くるみ

はちみつ

人気のアレンジはこれ!

プレーン生地に香りや食感のアクセントをつけて。
なにもつけなくてもおいしい!

紅茶とりんごの
米粉スコーン

材料　4個分

米粉……100g

ベーキングパウダー……6g

紅茶葉……2g（ティーバッグ1袋分）

植物油……20g

メープルシロップ……30g

牛乳……40g

りんご（皮つきのまま5mm角に切る）
　……1/4個（50g）

下準備

オーブンを200℃に予熱する。

作り方

上記の分量で「シンプル米粉スコーン」（P26）と同様に作る。りんごは生地の最後に加える。

保存方法と保存期間

常温1日 ｜ 冷蔵2日 ｜ 冷凍 ◎ ｜
温め 1個あたりトースターで30秒

抹茶とホワイトチョコの米粉スコーン

材料 4個分

米粉……95g
ベーキングパウダー……6g
抹茶……5g
植物油……20g
メープルシロップ……30g
牛乳……60g
ホワイトチョコレート（1cm角ほどに割る）……20g

下準備

オーブンを200℃に予熱する。

作り方

上記の分量で、「シンプル米粉スコーン」（P26）と同様に作る。ホワイトチョコレートは生地の最後に加える。

保存方法と保存期間

常温1日 ｜ 冷蔵2日 ｜ 冷凍 ◎ ｜
温め1個あたりトースターで30秒

卵

乳製品

落花生
くるみ

はちみつ

牛乳なしで、よりヘルシー!

牛乳の代わりに、豆腐を加えてよりヘルシーに! アーモンドプードルのおかげで
味は本格的。形はお好みで三角でも、四角でも。

豆腐スコーン〈プレーン+チョコ〉

材料 6個分

絹豆腐……60g

植物油……20g

メープルシロップ……30g

A | 米粉……90g

アーモンドプードル……15g

ベーキングパウダー……6g

板チョコ(1cm角ほどに割る)……25g

下準備

オーブンを200℃に予熱する。

作り方

1 ボウルに絹豆腐を入れ、泡立て器でなめらかにする。

2 植物油、メープルシロップを入れてしっかり混ぜる。

3 Aを加えてゴムべらで粉っぽさがなくなるまで混ぜ、生地をひとまとめにする。

4 オーブンシートを敷いた天板に3をのせて形を丸く整え、包丁で放射状に6等分に切る。間隔を開けてチョコを等分にのせ、200℃に予熱したオーブンで17〜20分焼く。

保存方法と保存期間

常温2日 ｜ 冷凍 ◎ ｜ 温め1個あたり電子レンジで20〜30秒

豆腐はなめらかな絹豆腐を使います。泡立て器でとろとろになるまで混ぜて。

粉っぽさがなくなったら混ぜ終わり。

豆腐スコーン〈抹茶+あずき〉

材料 6個分

絹豆腐……60g

植物油……20g

メープルシロップ……30g

A | 米粉……85g

抹茶……5g

アーモンドプードル……15g

ベーキングパウダー……6g

市販の粒あん……60g

下準備

オーブンを200℃に予熱する。

作り方

1 「豆腐スコーン〈プレーン+チョコ〉」(上記)の作り方1〜3まで同様に作る。

2 生地をざっと4等分し、粒あんと交互に重ねて(粒あんはまだらにのせると、いろいろな場所で味わえておいしい)、オーブンシートを敷いた天板にのせて形を丸く整え、包丁で放射状に6等分に切る。間隔をあけて、200℃に予熱したオーブンで17〜20分焼く。

保存方法と保存期間

常温2日 ｜ 冷凍 ◎ ｜ 温め1個あたり電子レンジで20〜30秒

卵

乳製品

落花生・くるみ

はちみつ

ぐるぐる混ぜるだけだから、焼くまで5分！ はちみつのコクのある甘さがよく合います。

究極シンプル！ 米粉100％のはちみつマフィン

材料　口径6.5×高さ3.5cmのマフィン型3個分

A | 卵……1個
　 | はちみつ……20g
　 | 植物油……10g
　 | 牛乳……20g
B | 米粉……60g
　 | ベーキングパウダー……2.5g

下準備

オーブンを180℃に予熱する。

1 水分と油が混ざり合って、白っぽくなるまで混ぜます。

2 とろみが出てくるまで混ぜます。

作り方

1 ボウルにAを入れ、泡立て器でしっかり乳化するまで混ぜる。

2 Bを加え、生地にとろみがつくまでぐるぐると混ぜる。

3 グラシンカップを敷いた型に等分に流し入れ、180℃に予熱したオーブンで15〜18分焼く。

保存方法と保存期間

常温1日 ｜ 冷蔵2日 ｜ 冷凍◎ ｜
温め1個あたり電子レンジで20〜30秒

卵

乳製品

落花生・くるみ

はちみつ

いろいろマフィン

野菜や果物を混ぜて

生地に野菜や果物を加えて、よりヘルシーなおやつに。
素朴な味わいで、子どもたちにも大人気!

自然な甘みのかぼちゃマフィン

材料 口径 6.5×高さ 3.5cmのマフィン型 4個分

かぼちゃ(種、わた、皮を除く)…100g

A 卵…1個
　牛乳…20g
　メープルシロップ…30g
　植物油…10g

B 米粉…80g
　ベーキングパウダー…4g

下準備

オーブンを180℃に予熱する。

作り方

1 かぼちゃはラップで包み、電子レンジで4〜5分加熱する。ボウルに入れ、フォークでなめらかなペースト状にする。Aを加え、泡立て器でしっかり乳化するまで混ぜる。

2 Bを加え、生地にとろみがつくまでぐるぐると混ぜる。

3 グラシンカップを敷いた型に等分に流し入れ、180℃に予熱したオーブンで17〜19分焼く。

保存方法と保存期間

常温 1 日 ｜ 冷蔵 2〜3 日 ｜ 冷凍 ◎ ｜
温め 1 個あたり電子レンジで20〜30秒

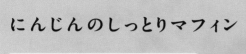

にんじんのしっとりマフィン

材料 口径 6.5×高さ 3.5cm のマフィン型 4個分

にんじん（すりおろす）……80g
A　卵……1個
　　メープルシロップ……30g
　　植物油……10g

B　米粉……100g
　　シナモンパウダー……2g
　　ベーキングパウダー……4g
　　レーズン……40g
くるみ（くだく）……20g

下準備
オーブンを180℃に予熱する。

作り方

1 ボウルににんじん、Aを入れ、泡立て器で全体が均一になるまで混ぜる。

2 Bを加え、粉っぽさがなくなるまで混ぜる。

3 グラシンカップを敷いた型に等分に流し入れ、くるみを等分にのせる。
　　180℃に予熱したオーブンで17〜19分焼く。

保存方法と保存期間

常温 1日 ｜ 冷蔵 2日 ｜ 冷凍 ◎ ｜
温め 1個あたり電子レンジで20〜30秒

卵

乳製品

落花生
・くるみ

はちみつ

いろいろマフィン

さっぱりはちみつ
レモンマフィン

材料　口径 6.5×高さ 3.5cmのマフィン型 3個分

レモン（国産）……1/2個

A｜卵……1個
　｜はちみつ……25g
　｜植物油……10g
　｜牛乳……15g

B｜米粉……60g
　｜アーモンドプードル……10g
　｜ベーキングパウダー……3g

下準備
オーブンを180℃に予熱する。

卵

乳製品

落花生
・くるみ

はちみつ

作り方

1 レモンはトッピング用に薄切りを2枚切って、さらにいちょう切りにしておく。ボウルに残りのレモンの皮をすりおろして入れ、果汁を絞り入れる。Aを加え、泡立て器でしっかり乳化するまで混ぜる。

2 Bを加え、生地にとろみがつくまでぐるぐると混ぜる。

3 グラシンカップを敷いた型に等分に流し入れ、いちょう切りにしたレモンを2～3切れずつのせる。180℃に予熱したオーブンで17～19分焼く。

保存方法と保存期間

常温1日 ｜ 冷蔵2日 ｜ 冷凍 ◎ ｜
温め1個あたり電子レンジで20～30秒

ふんわりやさしいりんごマフィン

材料 口径 6.5×高さ 3.5cmのマフィン型 4個分

りんご（皮つきのまま 5mm角に切る）……1/2個（100g）

A | 卵……1個
　| メープルシロップ……20g
　| 植物油……10g
　| 牛乳……20g

B | 米粉……60g
　| アーモンドプードル……10g
　| ベーキングパウダー……3g

下準備

オーブンを180℃に予熱する。

作り方

1 ボウルにAを入れ、泡立て器でしっかり乳化するまで混ぜる。

2 Bを加え、生地にとろみがつくまでぐるぐると混ぜる。

3 りんごの2/3量を加えて混ぜ、グラシンカップを敷いた型に等分に流し入れ、残りのりんごを等分にちらし、180℃に予熱したオーブンで17〜19分焼く。

保存方法と保存期間

常温1日 ｜ 冷蔵2日 ｜ 冷凍◎ ｜

温め 1個あたり電子レンジで20〜30秒

卵

乳製品

落花生
くるみ

はちみつ

材料はたったの3つ！ オイルや砂糖、そしてベーキングパウダーも使わずにできちゃいます。

材料3つのカップシフォンケーキ

材料 口径6.5×高さ3.5cmのマフィン型6個分

卵（常温に戻す）……2個
メープルシロップ……20g
米粉……40g

（トッピング）
　豆腐ホイップクリーム（P108）、
　いちご……各適量

下準備

オーブンを170℃に予熱する。

1

すくってみて8の字が書けるくらいに泡立てます。

3

粉っぽさがなくなり、ツヤが出るまで混ぜます。泡が消えてしまうので、混ぜすぎないように。

作り方

1 ボウルに卵を割り入れ、ハンドミキサーの高速で3〜4分しっかり泡立てる。その後低速で1分ほどかくはんしてキメを整える。

2 メープルシロップを加え、低速でさっとなじませる。

3 米粉を3回に分けて加え、そのつどゴムべらで底からすくうように混ぜる。

4 グラシンカップを敷いた型に等分に流し入れる。15cmほどの高さから落として大きな気泡を抜く。170℃に予熱したオーブンで15〜18分焼く。取り出して再び15cmほどの高さから落としてから冷ます。ホイップクリームといちごを飾る。

保存方法と保存期間（生地のみ）

常温1日｜冷蔵2日｜冷凍◎｜
温め1個あたり電子レンジ20〜30秒

卵

乳製品

落花生
くるみ

はちみつ

シフォン生地と相性抜群

紅茶やバナナはシフォンケーキにぴったり！
ひと口で口の中にふわりと広がる香りを楽しんで。

バナナカップシフォン

材料　口径 6.5×高さ 3.5cm のマフィン型 6個分

卵（常温に戻す）……1個

メープルシロップ……15g

米粉……40g

バナナ（完熟のもの）……1本

下準備

オーブンを170℃に予熱する。

保存方法と保存期間

常温1日｜冷蔵保存2日｜冷凍◎｜
温め1個あたり電子レンジ20〜30秒

作り方

左記の分量で「材料3つのカップシフォンケーキ」（P38）と
同様に作る。バナナは70gをフォークで液体状になるまで
つぶし、メープルシロップと一緒に加える。残りのバナナ
は1〜2mm厚さの輪切りにして、焼く直前にのせる。

紅茶カップシフォン

材料　口径6.5×高さ3.5cmのマフィン型6個分

卵（常温に戻す）……2個
メープルシロップ……20g
米粉……40g
紅茶葉……ティーバッグ1袋分（2g）

下準備

オーブンを170℃に予熱する。

作り方

左記の分量で「材料3つのカップシフォンケーキ」（P38）と同様に作る。紅茶葉はティーバッグから出し、米粉と一緒に加える。

保存方法と保存期間

常温 2日 ｜ 冷蔵 2日 ｜ 冷凍 ◎ ｜
温め 1個あたり電子レンジ 20～30秒

卵

乳製品

落花生
くるみ

はちみつ

バナナとくるみとレーズンの天板ケーキ

小麦粉や砂糖、卵も牛乳もなしでOK！ バナナやレーズンの自然な甘みが広がる型いらずの気軽にできるケーキ。

材料　約18×18cm1枚分

バナナ（完熟のもの）……2本
植物油……15g
米粉……100g
ベーキングパウダー……4g
レーズン……20g
くるみ（くだく）……20g

下準備

オーブンを180℃に予熱する。

1
バナナは160gを計量し、フォークでとろとろになるまでつぶします。

4
手を水でぬらし、表面を押さえながらのばすときれいにできます。

作り方

1 ボウルにバナナ160gを入れ、残りはトッピング用に取っておく。ボウルに入れたバナナをフォークで液体状になるまでつぶす。植物油を加え、泡立て器でしっかり混ぜる。

2 米粉を加え、ゴムべらでしっかり混ぜる。

3 ベーキングパウダー、くるみ、レーズンを加え、粉っぽさがなくなりくるみやレーズンがまんべんなくいきわたるようにさっと混ぜる。

4 オーブンシートを敷いた天板に取り出し、手で1〜1.5cmほどの厚さに広げる。残りのバナナを1〜2mm厚さの輪切りにしてのせ、180℃に予熱したオーブンで17分ほど、こんがり色づくまで焼く。焼けたらしっかり冷まし、食べやすい大きさに切る。焼き立てをちぎって食べても◎。

保存方法と保存期間

常温1日 ｜ 冷蔵3日 ｜ 冷凍◎ ｜ 温め1切れあたり電子レンジ20秒

バナナ

くるみ　レーズン

卵

乳製品

落花生
くるみ

はちみつ

なんと、一番多い材料はバナナ。オイルも卵も最小限なのに、しっとりもっちりパウンドケーキが作れます。

少ない材料で作る絶品バナナパウンドケーキ

材料　14.5×8.5×高さ6cmのパウンドケーキ型1台分

バナナ（完熟のもの）……2本
A｜メープルシロップ……20g
　｜植物油……20g
　｜卵……1個
　｜米粉……100g
ベーキングパウダー……4g

下準備

オーブンを180℃に予熱する。

1
バナナは130gを計量し、とろとろになるまでつぶします。

3
ベーキングパウダーを加えたら、混ぜすぎないのがコツ。混ぜすぎるとふくらみが悪くなります。

作り方

1　バナナはトッピング用に縦半分に切ったもの1切れを取っておく。ボウルに残りのバナナ130gを計量して入れ、フォークで液体状になるまでつぶす。

2　Aを上から順に加え、そのつど泡立て器でしっかり混ぜる。

3　ベーキングパウダーを加え、20回ほど混ぜる。

4　オーブンシートを敷いた型に生地を流し入れ、トッピング用のバナナをのせる。180℃に予熱したオーブンで35分ほど焼く。しっかり冷まし、食べやすく切る。焼きたてをちぎって食べても◎。

バナナ

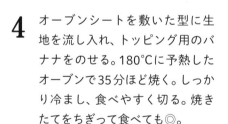

保存方法と保存期間

常温1日｜冷蔵3日｜冷凍◎｜温め1切れあたり電子レンジ20〜30秒

卵

乳製品
落花生
くるみ
はちみつ

隠し味は……粉チーズ！ 驚くほど濃厚な味わいになります。本当は教えたくない自慢のレシピです。

秘密にしたいリッチな米粉チーズケーキ

材料　直径15cm丸型1台分

クリームチーズ（常温に戻す）…200g
ギリシャヨーグルト…100g
メープルシロップ…50g
卵…2個
米粉…30g
粉チーズ…10g
（ボトム）
　ココアクッキー（P78参照）…80g
　バター…30g

下準備

・耐熱容器にバターを入れ、電子レンジで30秒加熱して溶かす。
・オーブンを180℃に予熱する。

1
型の底にコップの底をしっかりと押しつけてかためます。

3
材料は1つずつ加え、そのつど完全に混ざるまで、しっかりと混ぜます。

作り方

1 ボトムのクッキーをポリ袋に入れ、麺棒で細かくくだく。溶かしたバターを加えてもみ混ぜ、オーブンシートを敷いた型に入れ、コップの底などでぎゅっと押しかためる。

2 ボウルにクリームチーズを入れ、ゴムべらでなめらかに練り混ぜる。

3 残りの材料を上から順に加え、そのつどしっかりと混ぜる。

4 1の型に生地を流し入れ、2〜3回とんとんと落として空気を抜き、180℃に予熱したオーブンで40分ほど焼く。取り出してそのまま冷まし、冷蔵庫でひと晩冷やす。

クリームチーズ

ヨーグルト　粉チーズ

保存方法と保存期間

冷蔵3日 ｜ 冷凍 ◎

さわやかレモンヨーグルトケーキ

ぐるぐる混ぜるだけ、焼くまでたったの5分！ 焼きたてはふわふわ、冷やすとしっとり、2度楽しいケーキです。

材料 口径6.5×高さ3.5cmのマフィン型5個分

はちみつ……40g
植物油……20g
プレーンヨーグルト（無糖）……80g
水……20g
レモン汁……15g
米粉……70g
おからパウダー……10g
ベーキングパウダー……5g
レモン（国産・2〜3mm厚さの輪切り）……5枚

下準備

オーブンを180℃に予熱する。

2
少し白っぽくなるまでしっかり混ぜます。

4
ベーキングパウダーを加えたら、混ぜすぎないのがコツ。混ぜすぎるとふくらみが悪くなります。

作り方

1 型の側面に植物油（分量外）を薄く塗り、底に合わせて丸く切ったオーブンシートを敷く。レモンの輪切りを1枚ずつのせる。

2 ボウルにはちみつ、植物油を入れ、泡立て器で白っぽくなるまで混ぜる。

3 ヨーグルト、水、レモン汁を加えて混ぜる。

4 さらに米粉、おからパウダーを加えてダマがなくなりとろみがつくまでさらに混ぜる。ベーキングパウダーを加え、20回ほど混ぜる。

5 型に流し入れ、180℃に予熱したオーブンで17分ほど焼く。

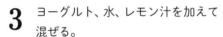
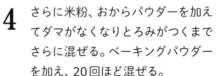

保存方法と保存期間

常温1日 ｜ 冷蔵3日 ｜ 冷凍◎ ｜ 温め1個あたり電子レンジ20〜30秒

卵

乳製品

落花生・くるみ

はちみつ

焼きいもテリーヌショコラ

焼きいもが洗練されたスイーツに変身。チョコ不使用なのに、驚くほど濃厚な甘みとなめらかさです。

材料　16×6×高さ6cmのパウンドケーキ型1台分

焼きいも（皮を除く）……200g
ココアパウダー……30g
メープルシロップ……30g
ココナッツオイル……60g
牛乳……50g
バニラオイル（あれば）……5滴

下準備

オーブンを180℃に予熱する。

1

なめらかになるまでかくはんします。ハンドブレンダーがない場合は、ミキサーにかけるか、焼きいもを裏ごししてから泡立て器で混ぜてもOKです。

2

バットにのせて湯を注ぎ、オーブンで蒸し焼きにします。

作り方

1 ボウルにすべての材料を入れ、ハンドブレンダーでなめらかにする。

2 オーブンシートを敷いた型に流し入れて形を整え、バットにのせ、バットに60℃ほどの湯を高さ3〜4cm注ぐ。180℃に予熱したオーブンで15分ほど焼いて冷まし、冷蔵庫で2時間ほど冷やす。

保存方法と保存期間

冷蔵3日 ｜ 冷凍◎

\ぜんぶ/

卵

乳製品

落花生
くるみ

はちみつ

ノンオイル＆砂糖なしでもしっとり、ふわふわ。冷やして食べるとおいしい！ 試作を重ねて作り出したレシピです。

大きい型で作るノンオイル豆腐シフォンケーキ

材料　口径14cmのシフォンケーキ型

卵……3個

A｜絹豆腐……75g
　｜メープルシロップ……30g
　｜米粉……80g
　｜バニラオイル……5滴（あれば）

メープルシロップ……10g

塩……1g

下準備

オーブンを180℃に予熱する。

2

豆腐と卵黄がしっかりなじみ、全体がふわっとするまでハンドミキサーで混ぜます。

3

泡が消えないように、ゴムべらで底からすくい上げるようにして、ツヤが出るまで混ぜます。

作り方

1 卵は卵黄と卵白に分け、それぞれボウルに入れる。卵白は冷凍庫に入れておく。卵黄のボウルにAを加える。

2 卵白のボウルを取り出して塩を加え、ハンドミキサーの高速で10秒ほど混ぜる。メープルシロップを加えて角が軽くおじぎをするくらいまで泡立て、低速に変えて30秒泡立ててキメを整える。そのままそのハンドミキサーで卵黄のボウルの材料をふわっとするまで泡立てる。

3 2のメレンゲの1/3量を卵黄のボウルに加え、泡立て器でなじむまで混ぜる。メレンゲのボウルに加え、ゴムべらで底からすくい上げるように混ぜる。

4 型に生地を流し入れ、15cmほどの高さから落として、180℃に予熱したオーブンで35分焼く。取り出して、すぐにまた15cmほどの高さから型ごと落としてから逆さまにおき、完全に冷ます。

保存方法と保存期間

冷蔵 **3日** ｜ 冷凍 ◎

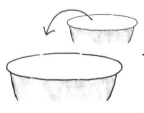

卵

乳製品

落花生
くるみ

はちみつ

2度おいしい豆腐ブラウニー

チョコも砂糖も使わず、本格的な味わいに。焼きたても、冷やしても、2度おいしさを楽しめます。

材料　約18×18cm1枚分

A | 木綿豆腐……150g
　 | 牛乳……50g
　 | メープルシロップ……50g
　 | 植物油……30g
B | 米粉……80g
　 | おからパウダー……10g
　 | ココアパウダー……30g
　 | 塩……1g
　 | ベーキングパウダー……6g
ドライクランベリー、くるみ(軽くくだく)……各適量

下準備

オーブンを180℃に予熱する。

1

ハンドブレンダーがない場合は、ミキサーにかけるか、豆腐を裏ごししてからゴムべらで混ぜてもOKです。

2

手を水でぬらし、表面を押さえながらのばすときれいにできます。

作り方

1 ボウルにAを入れ、ハンドブレンダーでしっかり乳化するまで混ぜる。

2 Bを加え、ゴムべらで粉っぽさがなくなるまで混ぜる。オーブンシートを敷いた天板に取り出し、手で1cmほどの厚さにのばす。上からドライクランベリー、くるみをちらす。

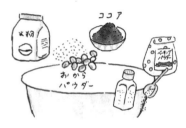

3 180℃に予熱したオーブンで20分ほど焼く。

保存方法と保存期間

常温1日 | 冷蔵3日 | 冷凍 ◎

乳製品

落花生・くるみ

はちみつ

生地の材料はほぼ3つ！ 米粉シュークリーム

なんとなくむずかしそうなシュークリームを、少ない材料で作りやすいレシピにアレンジ。クリームはお好みで。

材料 4個分

バター……20g
水……40g
米粉……30g
溶き卵（常温に戻す）……50g
米粉のカスタードクリーム（P106）……適量

下準備

オーブンを200℃に予熱する。

1
米粉を加えてからは加熱しすぎると分離してしまうので、30秒を意識して。鍋底に膜のように軽くこびりつくようになったらOK。

2
ゴムべらから3～4秒かけて逆三角形に落ちるくらいのかたさがベスト。

作り方

1 鍋にバター、水を入れて中火にかけ、鍋をゆすりながら煮立てる。いったん火からおろし、米粉を一度に加え、粉っぽさがなくなるまでゴムべらで混ぜる。再び弱火にかけ、ゴムべらで30秒ほど混ぜ、火からおろす。

2 溶き卵の半量を加え、ゴムべらでよく混ぜる。残りの溶き卵を少しずつ加えながらさらに混ぜ、ゴムべらですくってみて、生地が3～4秒かけて落ちるくらいのかたさにする。

3 オーブンシートを敷いた天板に、生地をスプーンで4等分して手早くのせる。ぬらしたスプーンの背で表面を整え、溶き卵が残っていたらはけで上面に塗る。霧吹きをして、200℃に予熱したオーブンで20分焼く。そのままオーブン内で冷ます。

4 横半分に切り、カスタードクリームをはさむ。

保存方法と保存期間（生地のみ）

冷蔵 2日 ｜ 冷凍 ◎

卵

乳製品

落花生・くるみ

はちみつ

マフィン型で作るコーンブレッド

発酵なし！ ワンボウルで混ぜて焼くだけ！ 焼き時間もあっという間だから作りやすさも抜群です。

材料 口径6.5×高さ3.5cmのマフィン型4個分

A | プレーンヨーグルト（無糖）……100g
　| 水……40g
　| 植物油……15g
　| メープルシロップ……10g

B | 米粉……100g
　| ベーキングパウダー……5g
　| 塩……2g

ホールコーン（汁けをきる）……100g

下準備

オーブンを180℃に予熱する。

3

コーンを加えたら、全体になじむ程度にさっくりと混ぜればOKです。

作り方

1 ボウルにAを入れ、泡立て器でしっかりと混ぜる。

2 Bを加え、粉っぽさがなくなるまで混ぜる。

3 コーンを加え、スプーンでさっくりと混ぜたらグラシンカップを敷いた型に生地を流し入れる。180℃に予熱したオーブンで23〜25分焼く。

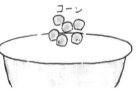

保存方法と保存期間

常温1日 ｜ 冷蔵2日 ｜ 冷凍◎ ｜
温め 1個あたり電子レンジで20秒

卵

乳製品

落花生
くるみ

はちみつ

米粉なら本格的なパンも、こねずに混ぜるだけ！ 発酵は1回15分、所要時間は1時間半ほどでOKです。

材料 14.5×8×高さ6cmのパウンドケーキ型1台分

米粉……120g

塩……2g

メープルシロップ……10g

白神こだま酵母……3g

（またはインスタントドライイースト2g）

植物油……10g

ぬるま湯*……90g

＊夏場は常温、冬場は40℃、春、秋は37℃が目安

2
生地にツヤととろみが出て、泡立て器ですくったときに、落ちた生地が2秒ほどで消えるくらいが目安です。

4
表面がかたくなるのを防ぐため、アルミホイルをかぶせて焼きます。

作り方

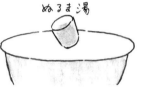

1 ボウルに米粉、メープルシロップ、植物油、酵母、塩を入れる（酵母は発酵の力を弱めないよう塩、油と触れないようにする）。

2 ぬるま湯を酵母にかかるように加え、泡立て器で2分ほど、とろみが出るまでしっかり混ぜる。かたければ、ぬるま湯2〜3mlを足して調整する。

3 オーブンシートを敷いた型に流し入れ、霧吹きをしてラップをかけ、輪ゴムで留める。オーブンの発酵機能を使い、1.5倍ほどにふくらむまで40℃で15〜25分発酵させる。

4 取り出し、オーブンを180℃に予熱する。ラップをはずし、再び霧吹きをしてドーム状にアルミホイルをかぶせ、180℃で25分焼く。しっかり冷まし、食べやすく切る。焼き立てをちぎって食べても◎。

保存方法と保存期間

常温2日 ｜ 冷凍 ◎ ｜ 温め1切れあたり電子レンジで20秒

卵

乳製品

落花生
くるみ

はちみつ

でき上がったおやつの保存方法

この本で紹介しているおやつには、「保存方法と保存期間」の目安を入れています。
特に米粉の焼き菓子は風味が落ちやすいといわれますが、上手に保存すれば、数日はおいしさが保てます。

常温保存／冷蔵保存

焼き菓子類は、種類にもよりますが、生地の水分が抜けてパサつかないように、1個ずつラップで包んで保存するのが大事。翌日くらいなら、かたくならないよう常温保存がおすすめです。2～3日なら、冷蔵庫で保存し、記載の温め方法を参照して軽く温めて食べましょう。プリンやクリームなども2日くらいであれば、冷蔵保存が可能です。

冷凍保存

2～3日以上日持ちさせたい場合は、冷凍保存がおすすめです。乾燥しないよう1個ずつラップで包み、さらにジッパー付き冷凍用保存袋に入れて、冷凍庫へ。解凍は室温で自然解凍します。冷凍でも時間がたつとにおいが移ったり、風味が落ちたりしてきますから、2～3週間で食べきるようにしましょう。「冷凍◎」の記載がないものは冷凍に向かないものです。

温め

冷凍した場合も1度室温で自然解凍してから電子レンジで温めることをおすすめします。
加熱することで食感や風味が戻ります。

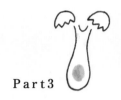

Part3

カリッ、ほろほろ、サクッ！
いろいろ食感が楽しいクッキー

もちろんクッキーも砂糖・小麦粉不使用。
お店のような味わいと食感のクッキーを目指した、
試作を重ねてたどり着いた自慢のクッキーレシピです。
子どもたちが大好きな"あの"クッキーも、自分で作れちゃう！
ちょっとしたプレゼントにもしたいから、
シンプルだけど、
見た目のかわいさにもこだわりました。

みんな大好きな "あの" たっぷりレーズンならではの食感が、米粉で作れます。リピーターさんが多い人気のレシピ。

材料　4cm四方　16〜18枚分

卵……1個
はちみつ……25g
植物油……25g
牛乳……20g
米粉……100g
ベーキングパウダー……2g
塩……1g
レーズン(オイル不使用)……80g

下準備

オーブンを200℃に予熱する。

3
ゴムべらでツヤが出るまでしっかりと混ぜてから、レーズンを加えます。

作り方

1 卵を溶きほぐし、ボウルに30gを取り分け(残りは仕上げ用にとっておく)、はちみつ、植物油を加えて泡立て器で白っぽくなるまで混ぜる。

2 牛乳を加えてさらに混ぜる。

3 米粉、ベーキングパウダー、塩を加えてゴムべらでツヤが出るまで混ぜ、生地をひとまとめにする。レーズンを加えてさっくりと混ぜたら取り出し、ラップをかぶせ、麺棒で3mm厚さにのばす。包丁で4cm四方に切れ目を入れる。

4 オーブンシートを敷いた天板に並べ、表面にはけやスプーンの背で残りの溶き卵を塗る。200℃に予熱したオーブンで13〜15分焼き、しっかり冷ましてから再び切り分ける。

保存方法と保存期間

常温1日　｜　冷凍 ◎　｜　温め 電子レンジで10〜20秒

卵

乳製品

落花生・くるみ

はちみつ

さっくさく米粉サブレ

Instagramで大人気のシンプルサブレ。食感が楽しく、何度も作りたくなる飽きない味です。

材料 4cm四方 12〜14枚分

A | バター（室温にもどす）……30g
  | メープルシロップ……30g
牛乳……15g
塩……1g
B | 米粉……80g
  | アーモンドプードル……20g
  | ベーキングパウダー……2g

下準備

オーブンを170℃に予熱する。

1

水分と油分が混ざり合って、白っぽくなるまで混ぜます。

2

粉類を加えたら、ツヤが出るまでしっかりと混ぜ、ひとまとめにします。

作り方

1 ボウルにAを入れて泡立て器で白っぽく乳化するまで混ぜる。

2 牛乳と塩を加え、さらに泡立て器で混ぜる。

3 Bを加え、ゴムべらでツヤが出るまで混ぜ、ひとまとめにする。取り出してラップをかぶせ、麺棒で7mm厚さに伸ばし、型抜きをするか包丁で4cm四方に切る。

4 オーブンシートを敷いた天板に並べ、170℃に予熱したオーブンで17〜19分焼く。しっかり冷ます。

保存方法と保存期間

常温 3日 | 冷蔵 5日 | 冷凍 ◎

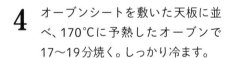

アーモンド
プードル

卵

乳製品

落花生
くるみ

はちみつ

ごまときな粉のほろほろスノーボール

さくさくほろりとした食感のひと口クッキー。生地にごまを加えて、香ばしさ満点です。

材料　16個分

A｜米粉……50g
　｜白すりごま、きな粉……各20g
B｜ココナッツオイル、
　｜　　メープルシロップ……各30g
　｜塩……少々
C｜粉糖、きな粉……各10g

下準備

オーブンを170℃に予熱する。

2-1

ツヤが出るまで混ぜたら、ひとまとめにします。

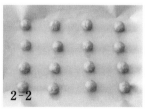

2-2

ぎゅっと握ってかためながら丸め、天板に並べます。

作り方

1 ボウルにAを入れて泡立て器で混ぜる。

2 Bを加え、ゴムべらでツヤが出るまで混ぜ、ひとまとめにする。生地を16等分し、ぎゅっと握りながら丸め、オーブンシートを敷いた天板に並べる。170℃に予熱したオーブンで25分ほど焼いて粗熱を取る。

3 バットなどにCを合わせ、2を入れて転がしながらまぶす。

保存方法と保存期間

常温 3日 ｜ 冷蔵 5日 ｜ 冷凍 ◎

卵

乳製品

落花生くるみ

はちみつ

しっとりカントリークッキー

独特のしっとり食感はまるで……カントリーの母の味。決め手はバターなので、レシピ通りに作るのがおすすめです。

材料　15個分

A｜こしあん（市販・白）……30g
　｜バター……30g
　｜メープルシロップ……20g
牛乳……20g
B｜おからパウダー……10g
　｜米粉……50g
チョコチップ……20g

下準備

・耐熱容器にバターを入れて、電子レンジで30秒ほど加熱して溶かす。
・オーブンを170℃に予熱する。

1

全体が白っぽくなるまでよく混ぜます。

作り方

1 ボウルにAを入れて泡立て器で混ぜる。

2 牛乳を加えてさらに混ぜる。

3 Bを加えてゴムべらでツヤが出るまで混ぜ、ひとまとめにする。チョコチップを加えて手で混ぜ、生地を15等分し、直径4～5cm、8mm厚さほどにまとめる。

4 オーブンシートを敷いた天板に並べ、170℃に予熱したオーブンで15分ほど焼く。

保存方法と保存期間

常温 1日 ｜ 冷凍 ◎ ｜ 温め 電子レンジで10～20秒

卵

乳製品

落花生
くるみ

はちみつ

砂糖を使っていないのに、ほんのりとカラメルの風味。シナモンが香る大人味のクッキーです。

シナモン風味のカラメルクッキー

材料　16〜18枚分

A｜米粉……50g
　｜おからパウダー、きな粉……各10g
　｜シナモンパウダー……5g
　｜ベーキングパウダー……4g
　｜塩……1g
B｜メープルシロップ……40g
　｜植物油……30g
　｜牛乳……20g

下準備

オーブンを170℃に予熱する。

2

ムラなく混ぜ、全体にツヤが出てまとまってくればOKです。

作り方

1 ボウルにAを入れ、泡立て器で混ぜる。

2 Bを加えてツヤが出てくるまでゴムべらで混ぜる。取り出してラップをかぶせ、麺棒で3〜4mm厚さにのばす。ラップをはずし、好みの型で抜く。フォークで表面に穴をあける。

3 オーブンシートを敷いた天板に並べ、170℃に予熱したオーブンで17分ほど焼く。しっかり冷ます。

保存方法と保存期間

常温 3日 ｜ 冷蔵 5日 ｜ 冷凍 ◎

卵

乳製品

落花生・くるみ

はちみつ

素朴でやさしいショートブレッド
—→ 作り方はP.76

〈ドロップクッキー〉
ココアカシューナッツ ──→ 作り方はP.77

〈ドロップクッキー〉
シナモンレーズン ──→ 作り方はP.77

素朴でやさしいショートブレッド

バターは控えめ、卵・砂糖不使用の米粉ショートブレッド。卵なしでも実現した幸せのさくほろ食感です。

材料 8個分

A | バター（室温にもどす）……50g
　 | メープルシロップ……30g
米粉……70g
片栗粉……20g

下準備

オーブンを170℃に予熱する。

1
全体が白っぽくなるのが乳化した目安です。

2
ムラなく混ぜ、全体にツヤが出てまとまってくればOKです。

作り方

1 ボウルにAを入れて泡立て器で白っぽく乳化するまで混ぜる。

2 米粉、片栗粉を加えてゴムべらでツヤが出るまで混ぜる。取り出してラップをかぶせ、麺棒で16×8cm、約1cm厚さにのばす。長辺を端から2cm幅に切る（8等分）。

3 オーブンシートを敷いた天板に間隔をあけて並べ、表面にフォークなどで穴を開ける。170℃に予熱したオーブンで20分ほど焼く。しっかり冷ます。

保存方法と保存期間

常温 3日 ｜ 冷蔵 5日 ｜ 冷凍 ◎

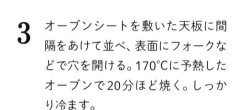

材料を全部混ぜるだけ。型も使いません！ 初心者でも失敗の少ない、1番簡単なクッキーです。

ココアカシューナッツ

材料 10〜12個分

A | 米粉……45g
　 | ココアパウダー……5g
　 | ベーキングパウダー……2g
　 | メープルシロップ、牛乳……各20g
　 | 植物油……10g

カシューナッツ（軽くくだく）……15g

カカオニブ……5g（またはチョコチップ15g）

シナモンレーズン

材料 10〜12個分

A | 米粉……50g
　 | ベーキングパウダー、
　 | 　シナモンパウダー……各2g
　 | メープルシロップ、牛乳……各20g
　 | 植物油……10g

レーズン（オイル不使用）……30g

下準備

オーブンを170℃に予熱する。

保存方法と保存期間

常温 2 日 ｜ 冷凍 ◎

作り方　2種共通

1 ボウルにAを入れ、スプーンで生地にツヤが出るまで混ぜる。

2 そのほかの材料を加えて混ぜ、オーブンシートを敷いた天板にスプーンで3〜4cm大に落としながら並べる。

3 170℃に予熱したオーブンで16〜18分焼く。

etc.

レーズン or カシューナッツ etc.

1

ツヤが出るまでスプーンで混ぜます。生地が均一になればOK。

卵

乳製品

落花生
くるみ

はちみつ

ココアクッキーのチーズクリームサンド

ココアクッキーにクリームをはさんだ人気の味。さくさくとほろほろの間の軽い食感で、あとを引くおいしさ。

材料　約10個分

A｜片栗粉……40g
　｜米粉……30g
　｜ブラックココアパウダー
　｜　（またはココアパウダー）……15g
　｜ベーキングパウダー……2g
B｜植物油……30g
　｜メープルシロップ……30g

（チーズクリーム）
　｜クリームチーズ（室温にもどす）……60g
　｜はちみつ……10g
　｜バニラオイル……3〜5滴

下準備

オーブンを170℃に予熱する。

2

ぎゅっと押さえてやっとひとまとめにできるくらいの水分量が、さくほろ食感のコツです。

作り方

1 ボウルにAを入れて泡立て器で均一に混ぜる。

2 Bを加えて手で混ぜ、ツヤが出るまでこねてひとまとめにする。取り出してラップをかぶせ、麺棒で5mm厚さにのばす。直径6cmの丸型で型抜きをする。

3 オーブンシートを敷いた天板に間隔をあけて並べ、170℃に予熱したオーブンで18分焼いて完全に冷ます。チーズクリームの材料を混ぜてはさむ。

保存方法と保存期間（クッキーのみ）

常温 3日　｜　冷蔵 5日　｜　冷凍 ◎

卵

乳製品

落花生
くるみ

はちみつ

型のいらないオートミールクッキー——作り方はP.82

さくさく焼きいもクッキー——作り方はP.83

型のいらないオートミールクッキー

ざくざく食感と素朴な味わいがくせになる！ オーツ麦丸ごとのロールドオートミールを使います。

材料　8枚分

A｜メープルシロップ……20g
　｜植物油……20g
　｜水……20g
オートミール（ロールド）……60g
米粉……40g
塩……1g

下準備

オーブンを170℃に予熱する。

2

オートミールを加えたら、ゴムべらで混ぜます。均一になればOK。

作り方

1 ボウルにAを入れ、泡立て器でしっかり乳化するまで混ぜる。

2 残りの材料を加え、ゴムべらで均一に混ぜる。生地を8等分してまとめ、オーブンシートを敷いた天板に間隔をあけて並べる。手でつぶし、3〜4mm厚さ、直径5〜6cmにのばす。

3 170℃に予熱したオーブンで15分ほど焼く。しっかり冷ます。

保存方法と保存期間

常温 3 日　｜　冷蔵 5 日　｜　冷凍 ◎

卵

乳製品

落花生
くるみ

はちみつ

さくさく焼きいもクッキー

焼きいもを使った、ほっくりさくさくクッキー。自然な甘みと、ほんのりバターの風味が広がります。

材料　約20枚分

焼きいも（皮を除く）……50g
＊または、電子レンジなどで加熱した
さつまいもでもOK
バター（室温にもどす）……30g
A｜メープルシロップ……20g
　｜牛乳……15g
　｜塩……1g
B｜米粉……80g
　｜アーモンドプードル……20g
　｜ベーキングパウダー……2g
黒いりごま……適量

下準備

オーブンを170℃に予熱する。

3

粉類を加えたら、ツヤが出るまで
手で混ぜ、軽くこねます。

作り方

1 ボウルに焼きいも、バターを入れて
ゴムべらで混ぜる。

2 Aを加え、均一になるまで泡立て器
で混ぜる。

3 Bを加えて手で混ぜ、ツヤが出るま
でこねてひとまとめにする。取り出
してラップをかぶせ、麺棒で7mm
厚さほどにのばし、直径4cmの丸
型で型抜きする（包丁で切ってもOK）。
オーブンシートを敷いた天板に並
べ、中心にごまをのせる。

4 170℃に予熱したオーブンで17分
ほど焼く。しっかり冷ます。

保存方法と保存期間

常温 3日 ｜ 冷蔵 5日 ｜ 冷凍 ◎

卵

乳製品

落花生
くるみ

はちみつ

ぽりぽりあんこスティック

生地にあんこがたっぷり！ かためのぽりぽり食感がやみつきになります！

材料 10本分

A　こしあん（市販）……100g
　　植物油……30g
　　牛乳……20g

B　米粉……65g
　　きな粉……20g
　　黒いりごま……2g

下準備

オーブンを170℃に予熱する。

2

粉類を加えたら、ツヤが出るまでゴムべらでよく混ぜ、ひとまとめにします。

作り方

1 ボウルにAを入れて泡立て器で混ぜる。

2 Bを加え、ゴムべらでツヤが出るまで練り混ぜ、ひとまとめにする。取り出してラップをかぶせ、麺棒で15×10cm、7〜8mm厚さにのばし、ラップの上から包丁で1cm幅に切る。

3 ラップをはずし、オーブンシートを敷いた天板に間隔を開けて並べ、170℃に予熱したオーブンで17分ほど焼く。しっかり冷ます。

保存方法と保存期間

常温 3日　|　冷蔵 5日　|　冷凍 ◎

卵

乳製品

落花生
くるみ

はちみつ

ざっくざくビスコッティ

2度焼きするイタリアの郷土菓子。混ぜ込む具は好みのドライフルーツやナッツでOKです。

材料 10〜12枚分

A | 米粉……120g
　| アーモンドプードル……30g
　| 塩……1g
　| ベーキングパウダー……4g
B | 卵……1個
　| メープルシロップ……30g
　| 植物油……20g
　| バニラオイル（あれば）……3滴
ドライフルーツ……20g
好みのナッツやチョコチップなど……30g

下準備

オーブンを180℃に予熱する。

3
ドライフルーツなどを加えたら、大きく成形して焼きます。

作り方

1 ボウルにAを入れて泡立て器で均一に混ぜる。

2 Bを加えてゴムべらでツヤが出るまで混ぜ、ひとまとめにする。

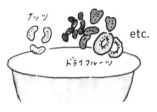

3 さらにドライフルーツ、チョコチップ、ナッツを加えて練り混ぜる。オーブンシートを敷いた天板に取り出し、10×18cm、1.5cm高さほどに形を整え、180℃に予熱したオーブンで15分ほど焼く。

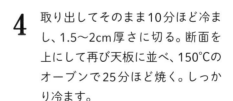

4 取り出してそのまま10分ほど冷まし、1.5〜2cm厚さに切る。断面を上にして再び天板に並べ、150℃のオーブンで25分ほど焼く。しっかり冷ます。

保存方法と保存期間

常温 3日 ｜ 冷蔵 5日 ｜ 冷凍 ◎

卵

乳製品

落花生
くるみ

はちみつ

米粉のおすすめPOINT

この本のお菓子は、ほとんどが米粉をベースにして作っています。
米粉の特徴と米粉を使うメリットについて、おさらいしましょう。

体にやさしい!

米を細かく粉砕して作られたのが米粉。グルテンフリーで小麦アレルギーの人も安心して食べられます。また小麦粉に比べて食後の血糖値が急激に上がりにくいという特徴があります。米粉は小麦粉に比べて油脂や食物繊維の含有量が少なく、食感が損なわれやすいので、それを補うために油脂をたくさん使うものも多くありますが、私はできるだけ油脂を減らしたレシピになるよう、配合や組み合わせで工夫しています。

おいしい!

米粉を使ったお菓子は、独特のもっちり感、しっとり感があり、食べごたえが出ます。味わいにクセがなく、食べやすいのも米粉の特徴。季節の果物や野菜をはじめ、どんな素材にも合わせやすいので、お菓子作りのバリエーションが広がります。また日本人が昔から食べ慣れた米が原料ですから、食べ飽きることがありません。

扱いやすい!

粒子が細かい米粉は、ダマになりにくいという性質があります。つまり、加えるときにふるう手間はなし! グルテンの素となるたんぱく質を含まないため、多少混ぜすぎても粘りが出ることがありません。グルテンを落ち着かせるために生地を休ませる時間も省けます。

舌ざわりなめらか、のどごしつるん！
ゼラチンなしで作る！ ふるふるおやつ

材料を混ぜて冷やしかためる、
プリンやレアチーズケーキはやっぱり人気。
ゼラチンの代わりに寒天や米粉を使って、
よりヘルシーに仕上げました。
わらびもちや水ようかんなど、
和のおやつも身近な食材でほっと落ち着く味に。
子どもたちにも安心して食べさせられます。

寒天で作るかぼちゃプリン

材料　容量180mlのココット2個分

かぼちゃ（種、わた、皮を除く）……80g

牛乳……180g

メープルシロップ……30g

米粉……5g

粉寒天……1g

2

材料を順に加えて、ハンドブレンダーでなめらかにかくはんしていくだけでOK。

作り方

1 かぼちゃは5〜6cm角に切って小鍋に入れ、たっぷりの水を加えて煮立て、弱火で10〜15分、やわらかくなるまでゆで、湯を捨てる。

2 残りの材料を順に加え、ハンドブレンダーでなめらかにする。

3 再び中火にかけ、絶えず混ぜながら煮立ったら弱火にし、2分ほど加熱する。ココットに等分に流し入れて粗熱を取り、冷蔵庫で2時間以上冷やす。

保存方法と保存期間

冷蔵 3 日

かぼちゃ

粉寒天

卵

乳製品

落花生・くるみ

はちみつ

こってり濃厚チョコプリン

卵もゼラチンもなしで、濃厚なめらかな舌ざわり。寒天で食物繊維がとれる、ヘルシープリンです。

材料　容量180mlのココット2個分

牛乳……240g
メープルシロップ……45g
ココアパウダー……12g
米粉……7g
粉寒天……1g

1

粉寒天をなじませるようにしっかりと混ぜてから火にかけます。

作り方

1 小鍋にすべての材料を入れ、泡立て器でよく混ぜ、中火にかける。絶えず混ぜながら煮立ったら弱火にし、2分ほど加熱する。

2 ココットに等分に流し入れて粗熱を取り、冷蔵庫で1時間以上冷やす。食べる直前に茶こしでココアパウダー少々（分量外）をふる。

保存方法と保存期間

冷蔵 3日

\ぜんぶ/

卵

乳製品

落花生・くるみ

はちみつ

さっぱりヨーグルトムース

甘酒の自然な甘みがヨーグルトの酸味をまろやかに。米粉を加えることで軽いとろみがつき、やさしい舌ざわり。

材料　容量100mlのゼリー型 4個分

A | 水……100g
　 | 米粉……5g
　 | 粉寒天……1g

B | ギリシャヨーグルト……200g
　 | 甘酒（2倍濃縮）……100g

1 粉寒天をなじませるようにしっかりと混ぜてから火にかけます。

2 ヨーグルトと甘酒はなめらかになるまでよく混ぜておきます。

作り方

1 小鍋にAを入れ、泡立て器で寒天をなじませるように混ぜて、中火にかける。絶えず混ぜながら煮立ったら弱火にし、2分ほど加熱する。

2 ボウルにBを入れ、泡立て器でしっかりと混ぜたら、1を加えてさらによく混ぜる。

3 粗熱が取れたら型に等分に流し入れ、冷蔵庫で2時間以上冷やす。

保存方法と保存期間

冷蔵3日

卵

乳製品

落花生
くるみ

はちみつ

自慢のレアチーズケーキ

なめらかレアチーズを生クリームやゼラチンなしで作りたくて、何度も試作を重ねた自慢のレシピです。

材料　直径15cm丸型1台分

A｜クリームチーズ……200g
　｜プレーンヨーグルト（無糖）……150g
　｜メープルシロップ……50g
　｜レモン汁……10g

B｜水……100g
　｜米粉……10g
　｜粉寒天……2g

（ボトム）
　米粉サブレ（P66参照）……80g
　ココナッツオイル……30g

4
寒天を2分ほど加熱してしっかり
煮溶かしてから生地に加え、手早く
混ぜます。

作り方

1 ボトムの米粉サブレをポリ袋に入れ、麺棒で細かくくだく。ココナッツオイルを加えてもみ混ぜ、オーブンシートを敷いた型に入れ、コップの底などでぎゅっと押しかためる。

2 耐熱のボウルにクリームチーズを入れ、電子レンジで60秒ほど加熱してやわらかくする。

3 そのほかのAを加え、泡立て器でしっかりと混ぜる。

4 小鍋にBを入れ、泡立て器で寒天をなじませるように混ぜて、中火にかける。絶えず混ぜながら煮立ったら弱火にし、2分ほど加熱する。3に加え、手早く泡立て器でよく混ぜる。1の型に流し入れ、冷蔵庫で2時間以上冷やす。

保存方法と保存期間

冷蔵 3日

卵

乳製品

落花生・くるみ

はちみつ

お好きなジャムで！ プルプルーチェ

トゥルンと舌の上で溶けるおなじみのデザート。好みのフルーツを加えれば楽しさも倍増！

材料 2〜3人分

A | 水……180g
  | はちみつ……20g
  | 米粉……20g

好みのジャム(いちご、桃など)……30g

1

米粉をしっかりなじませるように
混ぜてから火にかけ、とろみをつけ
ます。

作り方

1 小鍋にAを入れ、ゴムべらで米粉を
なじませるように混ぜる。中火にか
け、絶えず混ぜながらふつふつして
きたら弱火にし、2分ほど加熱する。

2 耐熱のボウルに移し、粗熱が取れた
ら冷蔵庫で1時間以上冷やす。

3 ジャムを加えて混ぜる。

保存方法と保存期間

冷蔵2日

卵

乳製品

落花生・くるみ

はちみつ

とろける豆腐わらびもち

生地の材料はなんと3つ！ そしてその中身はほぼお豆腐！ もっちりと練り混ぜて、よーく冷やしてどうぞ。

材料　2〜3人分

絹豆腐……200g
メープルシロップ……20g
片栗粉……20g
きな粉……適量

2

熱しながらゴムべらで絶えず練り
混ぜ、もち状になったら火から下ろ
します。

作り方

1 小鍋に豆腐を入れ、ゴムべらでなめ
らかにつぶす。

2 メープルシロップ、片栗粉を加え、
均一になるまで混ぜ、弱めの中火に
かけ、ゴムべらでもっちりするまで
練り混ぜる。

3 ラップを敷いたバットなどに移し、
粗熱が取れたら冷蔵庫で1時間ほ
ど冷やす。ぬらした包丁で一口大に
切り、きな粉をまぶす。

保存方法と保存期間

冷蔵 2日

水ようかん

3つの材料をよく混ぜてレンチンするだけ。ほっとする甘さと、すっと溶けるような口あたりがうれしい和のおやつ。

材料 17×8×高さ5cmのガラス容器1個分

水……300g

粉寒天……2g

こしあん（市販）……200g

1 レンチン→混ぜるを繰り返し、寒天を加熱しながらしっかり溶かします。

2 こしあんが均一になじむまでよく混ぜます。

作り方

1 耐熱のボウルに水、粉寒天を入れ、泡立て器で粉寒天をなじませるように混ぜる。ラップをかけずに電子レンジで2分加熱し、取り出して泡立て器でよく混ぜる。再び電子レンジで2分加熱して取り出し、泡立て器で混ぜる。

2 こしあんを加えて混ぜ、泡立て器でなめらかになるまで混ぜる。ときどき混ぜながら粗熱を取り、ぬらした容器に移す。冷蔵庫で1時間以上冷やす。

保存方法と保存期間

冷蔵3日

いもようかん

鍋で混ぜて冷やすだけ。面倒な工程はありません。裏ごしも不要で、ねっとりとした食感が楽しめます。

材料 容量100mlのココット2個分

さつまいも……正味100g

A | 牛乳……100g
  | メープルシロップ……20g
  | 粉寒天……1g

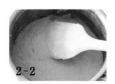

2-1 泡立て器で粉寒天をなじませるようによく混ぜてから火にかけます。

2-2 絶えず混ぜながら、寒天をしっかりと加熱します。

作り方

1 さつまいもは皮をむいて2〜3cm角に切る。鍋に入れ、たっぷりの水を注いで煮立て、弱火で10分ほどゆでる。やわらかくなったら湯を捨て、ゴムべらでなめらかにつぶす。

2 Aを加え、泡立て器で粉寒天をなじませるように混ぜる。中火にかけ、ゴムべらで絶えず混ぜながら、煮立ったら弱火にして2分加熱する。ココットに等分に流し入れ、粗熱が取れたら冷蔵庫で1時間以上冷やす。

保存方法と保存期間

冷蔵3日

米粉の［吸水率］のはなし

米粉は、米の品種や製法の違いでたくさんの種類があり、それぞれに特徴があります。
特に吸水率が違うと、でき上がりに影響してきますので、気をつけましょう。

「パン用米粉 ミズホチカラ」

吸水率が高い米粉

上の写真は、2種類の同量の米粉に、同量の水を加えて混ぜたときの状態です。この本で私が使っている米粉はすべて、「パン用米粉 ミズホチカラ」で、
比較的吸水率が低く、さらりとした状態になります（写真左）。右は「お米の粉 ライスフラワー」。吸水率が高く、もろっとした状態になります。このように
米粉によって吸水率が違うため、違う種類の米粉を使うと、レシピ通りに作ってもうまくいかなかったり、でき上がりに差が出たりすることになります。
それぞれに向いている使い方があるので、米粉選びのときの参考にしてください。

Omake

おやつがもっと楽しい
クリーム&ソース

カスタードクリームやホイップクリーム、
カラメルソースも私流にひと工夫。
体が喜ぶ素材を使っているから、
たっぷりのせたりかけたりしても安心です。
食べ疲れしない軽やかさもうれしい！
これなら満足感たっぷり、罪悪感はゼロ！

いろいろクリーム

米粉のカスタードクリーム

レンチン→混ぜるを繰り返して、なめらかなクリームに。
米粉ならダマにならずに作れます。

材料 作りやすい分量

牛乳……200g

米粉……15g（大さじ2*）

メープルシロップ……45g（大さじ3*）

卵……1個

バニラオイル（あれば）……5滴

*耐熱のガラスボウルが重く、スケールにのせて計量
できない場合は、大さじを使用する。

保存方法と保存期間

冷蔵 2日 ｜ 冷凍 ◎

作り方

1 耐熱のボウルにバニラオイル以外のすべての材料を入れ、米粉が完全に溶けるまで泡立て器で混ぜる。

2 ラップをかけずに電子レンジで2分30秒加熱し、いったん取り出して泡立て器で全体がなめらかになるまで混ぜる。再び電子レンジで1分30秒加熱し、同様に混ぜる。

3 再び電子レンジで1分加熱し、取り出して熱いうちにバニラオイルを加えて混ぜる。粗熱が取れたら冷蔵庫で冷やす。

*鍋でも作れます。その場合は、すべての材料を鍋に入れて、中火でとろみが出るまでゴムべらで混ぜながら加熱します。

米粉の チョコカスタードクリーム

カスタードクリームにココアパウダーをプラス。
ほろ苦さが加わって、ちょっと大人味に。

材料　作りやすい分量

牛乳……200g

米粉……15g（大さじ2*）

ココアパウダー……大さじ2

メープルシロップ……45g（大さじ3*）

卵……1個

バニラオイル（あれば）……5滴

*耐熱のガラスボウルが重く、スケールにのせて計量できない場合は、大さじを使用する。

作り方

左記の分量で、「米粉のカスタードクリーム」（左ページ）と同様に作る。

保存方法と保存期間

冷蔵2日 ｜ 冷凍 ◎

卵

落花生
くるみ

はちみつ

豆腐ホイップクリーム

豆腐で作るヘルシーなクリーム。
マフィンやスコーンによく合います。

卵

乳製品

落花生
くるみ

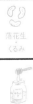
はちみつ

材料　作りやすい分量

絹豆腐……1/2丁（150〜175g）

メープルシロップ……20g

ココナッツオイル……10g

塩……1g

バニラオイル……5滴

保存方法と保存期間

冷蔵2日

作り方

1　豆腐はペーパータオルで2重に包み、重しをのせて2時間〜ひと晩水きりをする。

2　1とそのほかの材料すべてをハンドブレンダーかフードプロセッサーにかけて、なめらかなクリーム状にする。

*デコレーションに使うときは、しぼり袋に入れ、冷蔵庫で1時間以上冷やすとかたくなります。

豆腐チョコホイップクリーム

豆腐クリームをベースにしたアレンジクリーム。
濃厚なチョコの風味が広がります。

材料　作りやすい分量

絹豆腐……1/2丁（150〜175g）
メープルシロップ……20g
ココナッツオイル……10g
ココアパウダー……15g
塩……1g
バニラオイル……5滴

作り方

左記の分量で、「豆腐ホイップクリーム」（左ページ）と
同様に作る。

＊デコレーションに使うときは、しぼり袋に入れ、冷蔵庫で1時間以上冷や
すとかたくなります。

保存方法と保存期間

冷蔵2日

卵

乳製品

落花生
くるみ

はちみつ

いろいろクリーム

豆腐いちごホイップクリーム

ほんのりピンクがかわいいクリーム。
ジャムを変えれば違うフレーバーも楽しめます。

卵

乳製品

落花生
くるみ

はちみつ

材料 作りやすい分量

絹豆腐……1/2丁（150〜175g）

ココナッツオイル……10g

いちごジャム……40g

塩……1g

バニラオイル……5滴

保存方法と保存期間

冷蔵 2 日

作り方

左記の分量で、「豆腐ホイップクリーム」（P108）と同様
に作る。

＊デコレーションに使うときは、しぼり袋に入れ、冷蔵庫で1時間以上冷や
すとかたくなります。

みりんカラメルソース

コクのある甘さが特徴。
プリンやパンケーキのおともに。

材料 作りやすい分量

みりん……200g

作り方

小鍋にみりんを入れて強火で煮立て、弱火にし、半量
ほどになるまで7〜8分、混ぜずに煮詰める（冷めるとは
ちみつくらいのかたさになる）。

保存方法と保存期間

冷蔵 1週間

卵

乳製品

落花生
くるみ

はちみつ

ねぎちゃん

米粉おやつ研究家、食育アドバイザー、薬膳検定1級。米粉とおからで作る、砂糖なしの栄養おやつレシピを考案、Instagramにて15万人を超えるフォロワー（2023年12月現在）に日々、簡単おやつレシピを届けている。ほか、企業レシピの開発など多方面で活躍中。私生活では3姉妹のママ。

Instagramはこちら

小麦粉・砂糖なし。
思い立ったらすぐできる！

体にいいおやつ

2023年12月12日　第1刷発行
2024年 5 月21日　第5刷発行

著者　　ねぎちゃん
発行人　土屋 徹
編集人　滝口勝弘
発行所　株式会社Gakken
　　　　〒141-8416 東京都品川区西五反田2-11-8
印刷所　大日本印刷株式会社

Staff
デザイン　　　中村 妙
イラスト　　　本田 亮
撮影　　　　　公文美和
スタイリング　木村 遥
校閲　　　　　聚珍社
編集　　　　　久保木 薫
企画・編集　　岡田好美

＊この本に関する各種お問い合わせ先
本の内容については、下記サイトのお問い合わせフォームよりお願いします。
https://www.corp-gakken.co.jp/contact/
在庫については TEL 03-6431-1250（販売部）
不良品（落丁、乱丁）については TEL 0570-000577
学研業務センター 〒354-0045埼玉県入間郡三芳町上富279-1
上記以外のお問い合わせは TEL 0570-056-710（学研グループ総合案内）

学研グループの書籍・雑誌についての新刊情報・詳細情報は、下記をご覧ください。
学研出版サイト https://hon.gakken.jp/